믿음의 실상

I

믿음의 실상 I

초판 1쇄 발행 2026년 1월 17일

지은이 김용성
펴낸이 장길수
펴낸곳 지식과감성#
출판등록 제2012-000081호

교정 이주연
디자인 이현, 이호진
편집 이현
검수 주경민
마케팅 김윤길

주소 서울시 금천구 벚꽃로298 대륭포스트타워6차 1212호
전화 070-4651-3730~4
팩스 070-4325-7006
이메일 ksbookup@naver.com
홈페이지 www.knsbookup.com

ISBN 979-11-392-3039-0(03230)
값 5,000원

지식과감성#
홈페이지 바로가기

믿음의 실상

I

김용성 지음

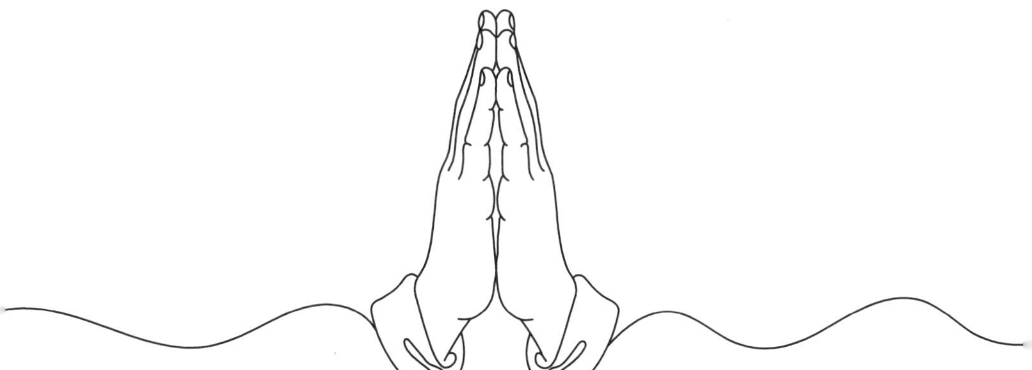

지식과감성#

이 세상을 창조한 창조주가,

우리에게 일상으로 월상으로 해상으로 주신,

도가 두 가지가 있으니 생도와 유도라 합니다.

생도란 생동하는 생체를 가진 몸이며,

유도란 봄, 여름, 가을, 겨울이며 밤과 낮입니다.

한 치의 어긋남도 없는,

생도를 사실이라 하고,

유도를 현실이라 합니다.

이 두 가지는 많은 이들이 공감 가능한 실상이라고 합니다.

사실이야 어떻든 현실은 분명합니다.

분명한 현실에서 공평한 현실에서,

우리는 사실의 불평등을 삽니다.

봄, 여름, 가을, 겨울, 밤, 낮의 현실은 사실이야 어떻든 분명하게 작용하지만,

사실은 사실을 현실 사실과 다르게 할 수 있는 사실이 있습니다.

또한 그렇게 살고 있습니다.

겨울의 현실은 춥습니다.

그러나 겨울을 따뜻하게 살아가는 많은 사실이 있습니다.

보일러나 온풍기나 방한용품이나 기타 등등…. 그렇게요.

겨울의 현실을 춥다라고 정의하고 춥게 살아가는 이들이 있고,

겨울의 현실을 춥다라고 정의하고 따뜻하게 살아가는 이들도 있습니다.

그래서 현실은 공평한데 사실은 불공평합니다.

그럼 불공평을 공평하게 만들어야 할까요?

그 불공평을 공평하게 할 수 있을까요?

제도의 공평(민주주의), 가치의 공평(돈으로의 쉬운 환산), 지식의 평등(의무교육), 몸의 평등(의료보험제도, 형법), 권리의 평등, 의무의 평등, 기타 등등….

그럼 이 평등에서 불평등의 평등을 얘기합니다.

육체의 불평등, 남녀노소.

물질의 불평등, 가난과 부자.

이 세상 삼차원의 지구상의 생명은 생도, 유도에 구속되어 있습니다.

이 세상의 생명이 생도, 유도에 구속된 건 어쩔 수 없지만,

신과 영은 이 세상의 생도, 유도와는 전혀 다른 도를 살고 있음을 압니다.

그러므로 이 세상의 생도, 유도에는 신과 영이 구속될 필요가 없습니다.

만약 신과 영이 이 세상의 생도, 유도에 구속이 된다면,

그건 이 세상 사람이나 생명에게 엄청난 짐이 됩니다.

그리고 이 세상 생명이 해결할 수 없는 문제가 되고요.

그러므로 신과 영은요 이 세상 생도, 유도에 구속되지 마십시오.

구속될 필요가 없습니다.

왜냐하면 생도, 유도는 이 세상을 창조한 창조주가 이 세상 삼차원의 지구에서의 생명에게 주신 도니까요.

그러므로 신과 영은 생도 유도에 구속되지 마십시오. 그러면 안 됩니다.

왜냐하면 신과 영으로서의 가치를 상실하니까요.

현실(유도)은 평등합니다.

사실(생도)은 평등하지 않습니다.

신성, 영성은 이 세상의 생도, 유도와는 다릅니다.

다름을 인식하고 인지하고 또한 인정하고 수긍하는 것이 중요합니다.

인성과 같다라는 생각은 잘못된 견해이며 패착의 이유가 됩니다.

인성이 살아가는 이 세상은 삼차원 지구에서의 생명은 다양성을 지닙니다.

현실(유도)도 다양성이 있으나,

그러나 사실(생도)을 살아가는 인성으로서의 세상의 만물만상의 다양성은 무궁무진합니다.

그러므로 다양한 식견과 견문과 각도와 생체의 감각이 있음을 알 수 있습니다.

하나, 신이나 영의 세상은 하나의 기운이나 생각이나 력에서 났으면,

다양성은 있으나 일률 보편적일 수 있습니다.

천국은 천국으로서의 가치를 지니고, 지옥은 지옥으로서의 가치를 지닙니다.

물론 천국, 지옥을 갔다가 왔다라는 이가 객관적으로 없어 알 수는 없습니다. 그 가치를….

하나, 평등과 불평등, 공정과 불공정, 자유와 부자유가 있는 이 세상의 삶이 천국일 수도 지옥일 수도 있습니다. 물론 범사일 수도 있고.

어떤 세상을 이 세상에서 살아간다 해도 우린 불평과 불만이 있을 것입니다.

왜냐하면 생도의 생동하는 생체가 생존하며 시간과 함께 스러지고 소멸하기 때문입니다.

영원함이 없는 것이 이 세상 만물만상 그리고 이 생명의 한계입니다.

또한 한계가 있어 아픔, 슬픔도 끝이 납니다.

그래서 영과 신, 신과 영의 세계들과 우리의 세상은 괴리가 있을 수밖에 없습니다.

하지만 괴리가 그곳에만 있는가?

생존과 자존에도 있고 마음과 육체에도 있습니다.

괴리가 있더라고 자괴감에 들 필요는 없습니다.

왜냐하면 괴리가 있어 현실(유도)이 생성되고 괴리가 있어 사실(생도)이 생성됩니다.

현실(유도), 사실(생도) 몸과 마음의 사실이 일률 보편적이지 않기에,

체와 상과 감각의식이 있기에, 이 세상은 아름답습니다.

같기에 아름답고 다르기에 아름답습니다.

같기에 경쟁이고 다르기에 경쟁입니다.

식물, 동물군에서 제일 불리한 조건에서의 생존을 한 것이 인간입니다.

생육하고 번성하여 지배하라는 말씀이 실현되었습니다.

동물은 먹을 것 하나 해결하면 되는데 털이 있어 동면하거나 집을 짓는 것이 수월해 보입니다.

그러나 인간은 의, 식, 주, 입는 것, 먹는 것, 자는 집을 다 해결해야 합니다.

생존에서의 가장 열악한 자연조건을 가진 인간이 이 세상을,

지구를 지배하고 있습니다.

왜냐하면 역설적으로 의식주 전부 해결이라는 난제를 지닌 해결방법이,

사회와 국가 분업과 협업, 직업을 전문화하였기 때문입니다.

수업은 직업을 유리하게 갖기 위한 과정이며,

사회적으로 분업이나 협업을 하는 데 유용하게 하려는 목적으로 진행됩니다.

사실과 현실을, 유도와 생도를 잘 사는 것이 현세를 잘 사는 것입니다.

그중에서 사실인 몸의 건강이 최고라 합니다.

그리고 내세에 대한 준비를 하여야 합니다.

내세란 몸이 죽은 다음의 상태를 일컫습니다.

믿음, 소망, 사랑 그리고 깨끗하고 결 고운 상념.

지식이나 마음으로 부정을 긍정으로 만들 수 있는 능력.

부정을 긍정으로 만드는 방법에 대하여,

부정을 부정하는 상태에서 첫 상태의 부정을 솔직히 봐서,

그리고 나의 마음에 비춰보고 그리고 나의 식견으로 첫 상태 이전의 마음에 긍정으로 부정한 생각이나 상념을 취합해 줌으로써 문제를 해결할 수 있습니다.

실상과 환상과 가상이 이 삼차원의 지구에서의 사람에게는 각각 따로따로이나,

로또가 당첨되면이라는 환상을 갖고 당첨되면 이리저리하겠다라는 생각가상을 하면,

그 환상이 실상이 아니나 마음이 기뻐지고 푸근해지기도 합니다.

당장 지금의 사실이 아니더라도 될 수가 되지 않는다 하더라도 환상가상의 생각만으로 마음이 움직여지는 경우가 있습니다.

하지만 이 세상은 환상은 환상이고, 가상은 가상이고, 실상은 실상입니다.

그러나 심상이 같이 작용해,

마음을 기쁘게 하거나 행복해지게 하는 경우가 있습니다.

이 세상의 심상의 생각이 육체에, 마음에 작용할 수도 작용 안 할 수도 있습니다.

그것은 이 세상 지구에서의 사람만의, 생명만의 독특한 분별이고, 구별이고, 식별입니다.

심상이 복잡하게 얽혀있는 것이 이 세상 지구에서의 사람과 생명의 독특함입니다.

가상으로 구체화시켜도 실상으로 실체화되지 않을 수도 있고 실체화될 수도 있습니다.

하나, 가상환상, 가상실상 그리고 환상가상, 환상실상 그리고 실상환상, 실상가상은 중요합니다.

생동하는 생체인 몸은 생존생활이라는 것이 우선시되는데,

생존생활은 현재를 의식하는 의식이 주로 활동을 합니다.

그러나 우리에겐 삼나가 있으니, 현재의식과 꿈의식과 무의식 세 가지입니다.

잠을 자면서 꿈을 꾸거나,

꿈도 현재의식도 없는 무의식을 경험합니다.

환란을 겪는 이가 주로 봉착되는 문제는 신과 영입니다. 그리고 환입니다.

신과 영은 현재의식으로는 알 수 없는 경우가 많습니다.
꿈이 투영돼서 나에게 오거나 무의식이 투사돼서 나에게 오거나,
환식이 나에게 오거나 하는 경우도 있습니다.
그러면 꿈에 나의 현재의식을 투영시킬 수 있는가?
무의식에 나의 현재의식을 투사시킬 수 있는가?
환식이 나의 현재의식을 발동시킬 수 있는가?
이에 대한 생각을 할 필요가 있습니다.

그래서 현재를 건강한 상식과 건강한 의식을 갖고 살아가는 것이 중요합니다.
그렇지 못한 경우엔 감사의 기도로써
회개하고 거듭나서 사랑을 간직하고,
또한 사랑하는 그러한 상태가 되어야 합니다.

사랑이란? 아끼고 소중하게 생각하고 취급하는 것입니다.
생존생활의 활이 자기 것을 아끼고 사랑하는 것을 말합니다.

사랑은 상대성에 있는 사랑도 있고,
자연에 대한 사랑도 있고, 재주나 실력에 대한 사랑도 있고, 가치관이나 사상에 대한 사랑도 있고. 물론 힘없는 사랑이 아니라 사랑함에 있어서의 치열함, 이루기 위한 치열함, 키우기 위한 치열함, 그리고 예수님에 대한 사랑을 잠시 얘기하겠습니다.
예수님의 사랑이 십자가의 길로 증명되었으며,
나는 예수님의 치열한 대속제의의 사랑을 확신합니다.
그래서 몇 번의 사무침을 통해 나의 마음에 큰 증거가 되었으니 두 번 의심을 없앴습니다.

예수님의 사랑의 치열함에 사무치고 말씀에 사무쳐 믿음의 믿음으로 생각으로 사무치고 사무쳐 겨자씨만 한 믿음의 증거를 내고 싶습니다.

그리하여 믿음을 키우고 키워서 겨자씨만 한 믿음의 씨앗을 키우고 키워서 좋은 열매를 맺는 나무가 되고 싶습니다.

어떻게 사무쳐야 겨자씨만 한 믿음이라도 낼까? 예수님의 십자가행의 치열한 사랑의 행위를 마음으로 큰 증거 삼아 말씀으로 정통에서 벗어나지 않는 사상과 가치관을 확립시켜 믿음의 씨앗에 자양분을 공급해 주어야 합니다.

그리하여 불리고 불려서 익히고 익혀서 불림과 익힘의 동시를 이뤄,

써도 써도 닳지 않는 믿음을 이뤄야겠습니다.

생도에서의 목표는 진인이며 진척이며 진도를 이뤄나가야 합니다.

우리는 예수님 말씀으로 진전을 이었으면 그 말씀으로 진척을 이뤄, 진도를 이뤄 진인이 되어야 합니다.

그래야 진심과 진리, 진실을 이룰 수 있습니다.

진성의 목표는 공존을 할 수 있는 공력을 갖춘 공화국을 만들 수 있는 공도의 공인이겠지요.

예수님의 말씀, 내가 길이요 진리요 생명이란 말씀을 비추어 보건대 예수님은 진인 이상을 이룬 분이라 생각됩니다.

항상 기뻐하라. 쉬지 말고 기도하라. 범사에 감사하라.

이 말씀을 묵상합니다.

그리하여 그러함이 그러함으로만 끝나지 않고 그러한 과정에서 수련해야 합니다.

항상 기뻐해 그 기쁨을 진하게 하여,

흥을 만들 수 있다면 만드십시오.

율이 있음 수월할 것입니다.

찬송가를 하는 것도 좋습니다.

기쁨을 흥으로 진하게 할 수 있으면,

흥진이 되고 진흥이 됩니다.

쉬지 말고 기도하라는 말씀은 사실 하기 어렵습니다.

그럼 어떡해야 할까요?

기도를 생활 속으로 범사로 해야 합니다.

범사가 강건하게 잘되길 간구하십시오.

그 기도가 잘 익혀지면,

생활에 스며들게 해야 합니다.

범사를 기도하는 마음으로 하십시오.

그리고 감사함을 감사로써 예를 표하십시오.

그래서 마지막은 예수님의 이름으로 기도를 끝내게 됩니다.

기도하는 것이 생도에서 진도를 익히는 방법입니다.

기도에 열중해서 집중해 하다 보면 집중상태에 따라 은사에 따라 방언이 나올 수 있습니다.

생각을, 마음을 표현하는 기도를 하면 지금의 언어로 표현하기 힘든 생각이나 감정도 많습니다.

방언으로 표현하기도 하고 또한 현재의식이 진척되어,

무의식이나 몽의식의 기도가 되기도 합니다.

주기도문과 사도신경을 늘 염두에 두고,

의식과 마음을 동원해 기도하십시오.

믿음을 바라는 것들의 실상이란 말씀은 꼭 기도가 현세에만 영향을 미치는 것이 아니라,

내세나 중보에도 영향을 줄 수 있습니다.

그리하려면,

예수님의 대속제의를 믿어야 하고,

예수님의 십자가행의 죄 사함의 사랑을

마음으로 생각으로, 의식으로 받아,

나 스스로 점검하고 확인하여 그 사랑이 확신이 되고,

믿음이 되어야 합니다.

두 번 의심하지 않게 큰 증거를 얻으십시오.

그리하여 예수님의 말씀에 사무치면 기도가 연단이 되고 시가 될 수 있습니다.

시란 시작입니다.

연단은 혼이나 속사람을 연금을 모르더라도 정금같이 되게 하는 것입니다.

기도가 정금의 혼이나 속사람이 되게 하는 방법입니다.

생도에서 나라는 체를 이룬 것이 많은 물질을, 유전을 받고 성취하고,

육체에 많은 필요함을 충족하여서 생존합니다.

그리하여 생도의 기도가 나를 위한 기도일지라도,

많은 것을 이미 함유하고 있습니다.

그러나 우리는 대부분을 모르고 있습니다.

그래서 우리는 현세를 위한 나의 기도도,

생도를 위하여, 자도(자존심, 자존감)를 위하여, 유도를 위하여 공도(지구)를 위하여,

할 필요가 있고, 그리해야 합니다.

왜냐하면 우리는 스스로 존재하는 존재가 아니니까요.

기쁨, 기도, 감사야말로,

정금의 혼이나 속사람을 속성으로 익힐 수 있는 길입니다.

우리 다 같이 속사람과 혼을 정금같이 합시다.

나는 길이요, 진리요, 생명이니라는 예수님의 말씀 꼭 붙들고,

내 길, 내 진리, 내 생명을 구할 수 있게 간구하고 간구하여 수련합시다.

우리는 예수님의 진전을 이었으니,

전척을 하여 진도로 나아갑시다.

진화하여 거듭남을 완성합시다.

그리하여 거듭거듭 거듭납시다.

사무친 모든 말씀은 시가 되어 시작되게 합시다.

그 시작은 성령이 하시겠지요….

내 영혼이 잘됨같이

범사가 잘되길 강건하게 간구하고,

믿음은 바라는 것들의 실상이란 말씀 붙들고 또 붙들어,

내 바라는 것이 믿음이 되고 실상이 되길 간곡히 갈구하고 갈망하고 그리하여,

실상의 믿음이 바라는 것들이 이루어지고, 실상의 바라는 것들이 믿음이 되길 또 간구히 간구하고 간구하는 기도가 되어야겠습니다.

생도의 생인으로서 내 영혼이 잘되어 안전하고 자유롭게 범사가 잘되고 믿음이 살고 바라는 것들이 살고 실상이 살아 믿음, 소망, 실상이 다 안전하고 자유롭게 되길 기도합니다.

비결 중 비결은 생활이니, 생에 관련된 모든 것을 아끼고 소중하게 생각하고 취급합시다.

사랑합니다.

생존과 연관되지 않은 많은 것들이 있는 은혜를 빨리 급히 알아,

은혜로움에서 살고 있음을 길고 넓고 크게 자각합니다.

그리하여 몸으로서 가지고 있음이 많아 사유하고,

믿음으로 족함을 알아 사유하고,

지식으로 알고 있음들을 사유하고,

예수님의 말씀들을 사유합니다.

예수님의 진전을 얻기 전, 받기 전 많은 물들이 잡물들이 들었음을 고백합니다.

여호와 하나님이 미쁘게 보사 긍휼히 보사,

많은 잡물 또한 내 연단하는 데 쓰이게 하소서.

연합하여 연단하게 하시옵고,

단합하여 결단하게 하시옵소서.

베드로 전서의 말씀처럼,

연단하려고 오는 불시험을

이상한 일 당하는 것같이 이상히 여기지 말고,

예수님의 진전을 얻고 받기 전의 잡물 또한 사랑해서 연합하여 단합하여 연단하게 하소서.

정금을 이루는 연금을,

하나님이, 성령님이, 예수님이 하시더라도 잡물에서의 불순물 또한 재처리 연단해,

내 모든 것이 합력해 선을 이루게 하시옵고,

영광은 여호와 하나님이 받으시고,

쓰임도 삼위일체 여호와 하나님이 하소서.

다만 피조물의 쓰임이,

생도 생인의 쓰임이 있게 하소서.

이 모듬을 예수님을 통하여,

영광은 삼위일체 여호와 하나님이 받으시고,

쓰임은 생도 생인을 살아가는 피조물이 되게 하소서.

쓰임의 끝은 정금이 되는 것이오나,

결단 하나하나에 미쁘신 궁휼을 적용시켜 주소서.

그리하여 호수에 돌멩이 하나를 던진 결과로서 얻어지는 파문 확산이 되어,

거듭거듭 거듭나고 그 거듭이 나에게서 그치지 않고,

숱한 생명이 거듭나는 계기가 되게 하소서.

합력이 결단되게 하셔서,

많은 것이 합력하여, 결합하여, 연단되어 연금의 과정을 거쳐 정금되게 하시옵고 정금되고,

남은 불순물도 재처리 합금하여 재견단되어,

결국은 결단되어 정금같이 되게 하소서.

그리하여 이렇게나 저렇게나 요렇게나,

결국은 여호와 하나님의 나라가 되게 하시옵고,

안전과 자유로운 사람이 되게 하소서.

생도와 유도에 사실과 현실에 구속되어 있는 우리를 여호와 하나님의 사랑으로,

예수님의 진전을 받아 여호와 하나님의 법에 들어,

예수님을 섬기게 하소서.

기도가 점점 점진적으로나마 늘길 원합니다.

나에겐 정직한 기도가 되길 원합니다.

내 바라는 실상이 믿음이길 원하며,

믿음의 바라는 실상이 예수님의 진전을 진심으로 받길 원합니다.

예수님의 진전을 진심으로 받아 진전의 진도가 나아가는,

연단을 하길 원하며, 기도가 쉬지 않고 되길 원합니다.

그리하여 진심으로 길이요 진리이며 생명이신 예수님을 따르길 원합니다.

피조물이고 생도에서 생인으로 사는 인생이 현세에서나 내세에서도,

여호와 하나님의 자랑이고 대견이고 싶습니다.

어찌할 수 없는 피조물에서 예수님의 진전을 받은 축복을 많은 생명과 나누고 싶습니다.

연합의 연단으로 합단하여 결단이 되어 속성으로 익히고자 합니다.

기도가 쉬지 않게 하여,

속성의 진도를 빠르게 하여 주옵소서.

속사람에게 축복을 육체에도 축복을,

예수님의 진전을 받기 전,

나와 상관된 많은 보이지 않는 생명들에게도 축복을 주옵소서.

그리하여 결과를 얻고 익히고 이루게 하여 주옵소서.

그 영광을 삼위일체 여호와 하나님이 받으시옵소서.
예수님에게서 시작된 말씀을 사유묵상함으로,
사상과 가치관을 갈무리하되 나누고 싶어 부족하나,
미쁘게 보소서 삼위일체 하나님.

생도에서 누구도 피해 가지 못할 삶과 직결된 것이 있는데,

그것을 습이라 합니다.

습이 되어 만들어지는 긴 시간을 관이라 합니다.

둘을 합쳐 습관이라 하죠.

생도의 생습은 환경의 영향을 받습니다.

어릴 때부터 습을 익혀 관을 합니다.

먹는 것이 대표적입니다.

몇천 년 전부터 밀과 쌀을 주식으로 하였는데 아직까지 유효합니다.

습을 익히는 방법은 실습이 있고(실제로 함) 연습이 있고 예습과 복습과 자습과 수습과 관습이 있습니다.

관습이란 민족이나 나라나 사회에 내려오는 전통 같은 것입니다.

평범이란 범사라는 습관이 생겨 습관적으로 하는 것을 말합니다.

그래서 특별함이나 특이함을 못 느끼는 경우입니다.

그러나 생존과 무관한 많은 물건과 아름다움이 무엇인지에 대해 관점이 다르더라도,

아름다움을 느끼거나 좋아하는 재주인지 능력인지는 알 수가 없으나 그러함이 있습니다.

특히 생존과는 관계없는 많은 물건들을 실상에서 보고 생각하면,

감사함이 저절로 됩니다.

그러한 감사함을 생각해 보면,

삶이 생도가 은혜임을 자각합니다.

물론 생로병사의 반론이 있을 수 있습니다.

어쨌든 습관이 생기면 관점이 생깁니다.

관점에 따라 점으로 보는 것이 각입니다.

우리는 보고 듣고 냄새 맡고 맛을 알고 촉감각으로 느끼는 오감각을 지니고 있습니다.

보는 것에 관점을 얘기합니다.

보는 것은 엄청나게 많습니다.

일상에서 실상에서 그러나 우리는 관점이란 각으로 봅니다.

보는 것이 엄청나게 많은 것을 감이라 합니다.

감에서 생각하거나 마음의 관심이나 필요함이 나를 각으로 보게 합니다.

감의 일부이지요.

그것을 감각이라 합니다.

감은 그냥 압니다. 각은 알아서 압니다.

그냥 좋아서 하는 경우는 감과 같이 있습니다.

노력으로 하는 경우는 각과 같이 있습니다.

습관을 익힘은 각을 각도 잡아 보려 하는 것과 동일합니다.

감을 가리킬 수 없습니다.

왜냐하면 추위 더위를 그냥 몸으로 아는 것과 비슷합니다.

대체방법의 각은, 보일러나 온풍기나 선풍기나 에어컨의 사용여부를 각이 알아야 합니다.

기도를 의식적인 각으로 시작해 감까지 가야 합니다.

각의 기도 소리는 소리 분별을 통하여 소리의 뜻을 알 수도 있을 겁니다.

그러나 감의 기도 소리는,

소리 분별을 통해서는 알 수가 없습니다.

그 증거는 방언과 같은 것입니다.

방언은 소리 분별을 통해 알 수 없고 그 사람의 마음 상태에 따라 알 수 있습니다.

그래서 방언을 분별해 주는 은사가,

방 안의 소리를 분별함에 그 사람의 마음 상태를,

아마도 분별 해석해 주는 것이 아닌가 싶습니다.

범사의 감사함은 은혜로움을 익히는 데 중요한 지침이 됩니다.
범사의 소소한 일상이 그리고 소소한 내 소유의 물건들이,
그리고 범사의 평이함에 감사하고 감사하면
기쁜 마음이 생깁니다.
기쁜 상태에서 범사를 보면 감사한 것과는 다른 경우지만,
어쨌든 그 둘의 관계조합은 중요합니다.
왜냐하면 항상 기쁨과 범사의 감사,
그리고 범사의 감사와 항상 기쁨은,
쉬지 않고 기도하는 원동력이 되어 줍니다.

의식을 하루에 짧지만 몇 번씩이라도 기도를 하여 주면,

꿈으로나마 내 바라는 것의 실상을 보게 될 겁니다.

물론 바라는 것이 실상이 되면 좋겠지요.

하지만 영성, 신성, 인성의 실상이 사실과 현실이 다를 수 있습니다.

그러한 괴리는 필히 있습니다.

그래서 기도할 땐 집중적이지만 크게 하십시오.

생도를 위해, 유도를 위해, 공도를 위해, 진도를 위해, 원도를 위해, 한도를 위해.

그리고 영성신성과의 실상이 다르지만 다름을 생도의 의식으로, 행복이나 즐거움이나 기쁨으로 채울 수 있다면 좋겠지만,

어쨌든 이것은 분명합니다. 영성, 신성 그리고 이 지구상의 삼차원의 생도의 사실과 현실은 다릅니다. 다름을 인지하십시오.

다르더라도 영성, 신성, 인성이 있는 데는 이유가 있겠지요.

같아서 아름답고 다르기에 아름답습니다.

같아서 경쟁이고 다르기에 경쟁입니다.

천국은 하나님이 지으시고 다스리니까 내 주권이 없으니, 아무것도 안 해도 된다는 생각을 버리십시오.

기도로 현세의, 내세의 유토피아나 낙원을 상상하십시오.

그러함으로 기도하면 기쁩니다.

그러함으로 기도하면 감사합니다.

조막손이나마 여호와 하나님의 나라가 임하는 데 일조하겠노라고. 그리고,

당신이 생각하는 유토피아나 낙원을 마음으로, 의식으로 상상하십시오.

그리고 깨지지 않는, 부술 수 없는 그러한 항상의 힘을 간절히 구하십시오.

그러한 과정을 그리며 바라는 것들을 구하며 기도하여 기도가 깊어지고 커지십시오.

그리하여 성령이나 예수님이 들 수 있는 마음 상태나 의식 상태가 되십시오.

그러한 상태란 기도를 통하여,

현재를 의식하는 나라는 자아를 엷게 하되 분명히 바라는 것들이 있는,

예수님의 말씀이 살아 있어 예수님과 조우하십시오.

바라는 것들 또한 세상의 욕심에서 벗어나,

썩어지지 않는 속사람에 대한 연단이나, 유토피아에 대한 간구나, 낙원에 대한 상상이나 또한 성혈이나 예수님이 임재하셔 주관하여 주시기를 구해야 합니다.

나를 버릴 순 없습니다. 현재의식으론.

그러나 무의식이 발동하면,

나라는 자아나 현재를 의식하는 나는 엷어질 수도 잠시 보류해 둘 수도 있습니다.

무의식을 우리는 잠을 자면서 자주 경험하지만,

의식이 없기에 자각하진 못합니다.

하나, 무의식의 자각이 나라는 현재의식으로 되지 않는 것이지,

초의식 이상을 이룬,

예수님이나 성령이면 무의식의 각이 활동할 수도 있습니다.

의식으로 시작해 꿈의식이나 무의식에 각이 들어 각성이 된다면 좋겠지요.

하지만 그러함은 나의 현재의식으로 할 수 없습니다.

그래서 예수님과 성령을 만나야 합니다.

그래서 하나님의 나라가 임하시면 이 세상에서의 실현여부로 알 수 없지만,

내 무의식을 잘 정화하여 무의식이나 꿈의식에,
하나님의 나라가 임재했으면 좋겠습니다.
물론 초의식을 쓰시면 더할 나위 없이 좋겠고요.
현재의식에 임하시면 현재의식이 제한적인 관계로,
예수님이나 성령님이 불편하실 것 같습니다.
그리고 내 현재의식으로 생활하는 나에겐,
능동이 요구되는 관계설정도 고려해 주었으면 합니다.

무의식엔 감이 없는 것이 아니라 무감이라 알 수가 없지요.
그러나 예수님이, 성령이 무의식에 감이 되어,
유감도 표현하시고 공감도 표현하시고 자감으로 수정, 보완, 집중, 취합해 쓰시면 어떨까 하고 생각합니다.
무의식은 안채로 쓰시고 꿈의식은 많은 영들을 만나는 사랑방으로 쓰시고,
현재의식은 같이 쓰시지요.

믿음에서 믿음으로 말미암아 구원을 얻느니라.
그것을 사람들의 행위에서 난 것이 아니라.
여호와 하나님의 은혜의 선물이라.
믿음으로 할 수 있는 것은 기도이며,
믿음을 키우는 것 또한 기도이다.
기도란? 말씀기도, 묵상기도, 사무침기도가 있다.
말씀기도란? 찬양, 바람, 감사로 한다.
묵상기도란? 말씀을 묵상하는 생각으로 한다.
사무침기도란? 사상이나 말씀이 마음에 사무친다.

기도의 발전이란?

말씀기도와 묵상생각기도와 마음의 사무침기도를 통해 물아의 경지로 가고자 함이다.

현재의식으로 나란 몸을 의식하는 것같이,

나란 다른 몸을 의식하는 상태다.

또한 나의 다른 도움으로 기도를 하는 상태다.

체험이란? 나를 의식하는 몸의 상태를,

지금의 나와는 다른 몸을 의식하는 현재의식이다.

현재를 의식하는 데,

다른 몸 상태로 현재를 의식할 수 있다.

현재를 의식하는 데 나의 힘이 아닌 다른 힘의 작용으로 기도하는 나를,

현재의식 할 수 있다.

체험이란?
몸의 상태로 의식의 상태로 익히는 것이다.
몸이 다르면 다른 의식을 경험할 수 있다.
의식이 다르면 다른 현재를 경험할 수 있다.
현재란? 고정된 것이 아니라,
각성이나 체성으로 익히는 것인데,
의식으로 몸을 바꾸거나,
삼나를 통하여 물아를 통하여,
현재의식이 다름을 알 수 있다.

결론은 말씀기도와 묵상생각기도와 사무침기도를 통해 물아를 경험해,

현재의식 상태를 다르게 하여 성령이나 예수님이나 여호와가 활동할 수 있는 최적의 상태를 만들고자 함이다.

그러할지라도 현재를 의식하는 의식이나 체는 있을 거니,

자아의 의식은 늘 있으니 자각하여 의식할 필요는 없다.

단 말씀과 묵상과 사무침은 중요하니 끝까지 있어야 한다.

나의 현재의식과 상관된 나는 나다.

자아란 현재를 의식하는 의식 상태다. 생도를 의식하고 유도를 의식하고,

공도, 원도, 한도를 의식한다.

생도와 유도를 분명히 의식한다.

공도, 유도, 한도는 너무 커,

의식하나 의식하지 않을 수도 있는데, 의식은 한다.

자, 스스로 자는 무엇인가?

몸인가? 마음인가? 의식인가? 자아인가?

정신인가? 신인가? 영인가?

이 모든 것을 합쳐 놓은 것을 유라 한다. 있을 유.

그래서 수련기도란,

나의 통합이고 통일과정이고 완성이다.

그래서 기본수련은 생존에 두었다. 생도는?

생존의 문제는 몸도 촉각을 세우고,

마음도 심사숙고하고 정신도 고민한다.

물론 신과 영도 이 세상의 몸의 생존과는 상관 있다.

생동하는 생체를 가진 생도의 생존이야말로,

최우선의 과제이다.

생존의 문제에서는,

통합되고 통일된 가치관을 지니게 된다.

생도에서는 유도를 필히 숙지하도록 설계되어 있다.

추위와 더위의 객관을 주관으로 그냥 아는 것과 같다.

생도와 유도를 동시에 살게 하고,

인식하고 체감하고 경험하게 되어 있어,

우리는 생도(사실)와 유도(현실)를,

실상이라 믿게 된다.

그 믿음으로 생도와 유도를 산다.

그런데 실상은 생도와 유도만 있는 것이 아니다.
나란 생도를,
살아가는 인식의 의식 상태를 바꾸면,
실상이 다르게 보이고,
인식되고 체감되고 자각된다.
술 마시지 않은 상태와,
술 마신 상태가 다르며,
인식과 의식의 변화를 알 수 있다.
무엇을 하든 열중하고 집중하는 것에 따라,
인식이 다르고 의식이 다르고 마음이 다름을 알 수도 있다.
무엇에 열중하고 집중해야 할까?
첫째로 생도의 상태이다.
현재의식이란 생태를 의식하고 있고,
생태를 의식하는 상태에 따라,
현재를 의식하는 감과 각이 다를 수 있다.
그런데 자각의 문제가 자감의 문제가 바뀌더라도,
나의 몸을 의식하는 현재의식 상태가 다르더라도,
나임을 자각한다.
상태가 다르더라도 나를 부인하지 않는다.
그것을 보면 의식이 나임을 알 수 있다.

현재를 의식하는 의식에,

영향을 미칠 수 있는 게 마음이다. 그리고 생각이다.

나를 의식하는 상태가 다르더라도,

나를 부정하지 않는 것은,

나를 정한 의식이 있는 이유다.

정이 있어 마음의 상태가 다르더라도,

의식의 상태가 다르더라도,

현재를 의식하는 나의 몸의 자각이 다르더라도 다 나이다.

왜냐하면 자각 이전, 상태 이전, 의식 이전의 내가 있기 때문이다.

그것을 정이라 한다.

말씀기도, 묵상생각기도, 사무친마음기도.
기도를 통해 가야 하는 경지.
물아의 경지, 자연동화의 경지, 입신의 경지….
물아의 나란? 현재를 의식하는 상태가 다름을 말하는 것.
다름이란?
술 마시지 않은 상태와,
술 마신 상태의 나가 다르다.
배고픔을 의식하는 나와 배고프지 않은 나와,
배부른 나를 의식하는 상태가 다르다.
추운 상태와 더운 상태와 적합한 상태가 다르다.
많은 다른 상태의 나를 의식하고 경험한다.
그러나 상태가 다르더라도 내가 아님은 아니다.
상태가 다르더라도 나다.

기도로 물아를 체험하거나 경험하는 것은,
현재를 의식하는 내가,
물질로서 다름을 인식하지 않고,
정신이나 마음이나 말씀으로,
다름을 자각하는 경우다.
기도를 통해 다른 나를 의식하거나,
몸의 상태가 다름을 의식하거나,
말씀의 기도가 내 힘만이 아닌 다른 힘으로 되는 경우다.

그 방편이 되는 것이 기도다.

기도를 통하여,

말씀이 있고 의식이 있고 마음이 있어,

다른 나를 경험하는 경우다.

그중에서 신비적 경험이나 체험이 그러하다.

되고 안 되고는 내 마음이나, 의식이나, 말씀으로 되지 않는다.

그러나 기도가 익으면,

필히 체험이나 경험이나 의식의 변화나 상태가 다름을 알 수 있다.

말씀기도나 묵상기도나 사무침기도가 중요한 이유는,

그러한 상태가 되면,

잡령이나 잡것이나 잡신이 들 수 없기 때문이다.

생각으로 감각을 제어한다. 플러스 마이너스.
마음으로 감각을 제어한다. 플러스 마이너스.
의식으로 감각을 제어한다. 플러스 마이너스.
날카로움이 있는 사람은 금방 알 수 있다.
감각의 제어는 외부의 자극을 최소화하여,
나의 몸과 마음과 의식을,
정한 상태로 하기 위함이다.
감각이 제어되면 집중하여야 한다.
말씀기도, 묵상기도, 사무침기도,
어떤 것이든 집중해서 하여야 한다.

나란? 자아란?

몸과 마음 생각 그리고 의식과,

환경, 관계, 경험 그리고,

신과 영이 어우러진 통합적인 정체성을 자아라 한다.

그리고 나라 한다.

수련이란?

나란 많은 것을 함유하고,

통합돼 있으나 일체는 아닌,

그러한 상태를 통합으로 이끌고 통일하고자 하는,

일체지의 작을 이른다.

모든 것이 합심하여 선을 이루기 위한 모든 행위를 이른다.

나란 정체성의 자아가 맑은 상태가 아니나,

맑은 상태를 만들기 위한,

그리고 항상을 유지하고자 하는 것을 수련이라 한다.

HOLY
BIBLE

몸, 마음, 생각, 의식, 신, 영을,
내 마음대로 할 수 있지 않다.
내 생각대로 할 수 있지 않다.
왜냐하면,
마음대로, 생각대로에서 묻는다.
'넌 무엇이냐? 넌 누구냐?'라고.
이름, 성별, 나이를 제외한,
나를 상정하기란 매우 어렵다.
그리고 그 상정이 맞지 않다.
그러므로,
마음대로, 생각대로 되지 않는다.
다만, 필요함이 많은,
생도의 생인으로서 살아가고 있으므로,
필요함을,
구원이나, 유토피아, 낙원 같은 문제에서 추상하고 상상할 수 있는 재주를 지니고 있다.
그래서 나를 밝히는 것보다 더 시급한 것이,
행복의 상태를 설정하는 것이다.
육체의 행복을 넘어,
마음, 의식, 생각, 신, 영의,
행복을 그려야 한다.

나의 정체성을 육체에 국한시킬 필요는 없다.

의식의 확장으로 적극적으로,

마음, 생각, 육체, 의식, 신, 영이 어우러진 나를 그려야 한다.

그래서 공부가 필요하다.

추상이 상상이 실체화되지 않는다 하더라도,

구원이나 낙원, 유토피아를 그리는 데,

구체화시키는 데 주저할 필요는 없다.

실체화되든 안 되든 구체화시켜라.

믿음은 바라는 것들의 실상이란 말씀 부여잡고,
현세가 아니면 내세에서 어쨌든 우리의 몸은 죽어도,
살아 있는 무엇이 있다.
그리하면 바라는 것들의 실상을 살면 좋잖은가.
공부해서 남 준다고 하지 않는다.
남을 준대도 공부는 있다. 나에게.
기도를 할 때,
물질적인 것에서 더 나아가야 한다.
자연적인 것, 지적인 것, 정신적인 것,
마음적인 것, 신적인 것, 영적인 것들이,
행복의 상태로 갈 수 있는 기도.
즉 힘이란? 행복이다.
행복이란? 바람대로 되는 것이다.
나란? 정체성이란? 자아란?
통합 통일된 상태이며,
물질의 갈구가 소멸되어 가고,
의식적인 정신적인 사랑이,
힘이 있고 거침없이 되는 과정을,
우린 공부라 한다. 수련이라 한다.

생도 생인의 수련을 생활이라 하며,
생활이 생인의 기도이다.
바람대로 되게 하는, 되고자 하고자 하는 기도다.
그래서 배움이 필요하고,
은사가 필요하다.
멀리 있지 않다.
적도 가까이 있고, 은사도 가까이 있다.
한 번쯤 되짚어 볼 때 꼭 해야 할 일은,
내가 나아가야 할 방향이고 목적이다.
목적을 생존에만 두면 슬픈 일이다.
생존자존으로 두고 더 나아가야 한다. 자존으로.

우리는 정자와 난자 둘을 합쳐,
나란 몸의 일체지를 이뤘습니다.
정자가 납니까? 난자가 납니까?
둘 다 나입니다.
술을 마시지 않는 나도 나고,
술을 마신 나도 나입니다.
몸도 나이고, 마음도 나이고, 생각도 나이고,
의식도 나이고, 정신도 나이고, 신도 나이고,
영도 나입니다.
물론 신과 영의 문제는,
객관적으로 증명할 수 없는,
주관적인 문제지만요.
어쨌든 내가 많습니다.
그것을 자아의 자기 정체성이라 합니다.

우리는 둘을 합쳐 하나의 일체지를 이뤘습니다.

정자와 난자라는 둘을 그래서 이 세상에 있습니다.

그런데 몸과 마음, 의식, 정신, 생각, 신, 영을 합쳐,

일체지를 이룰 순 없을까요?

우리의 기도의 역사적 사명이 무엇일까요?

많은 나를 일체화시켜,

일체지를 만들라는 것이 아닐까요?

물론 어려운 문제지요.

그러나 우리는 할 수 있습니다.

그리고 해야만 합니다.

그것이 이 세상에 여호와 하나님이 주신 역사적 사명이라 믿습니다.

우리는 여호와 하나님으로부터 나서,
그리스도 예수 안에 있고,
예수는 여호와 하나님으로부터 나와서,
우리에게,
지혜와 의로움과 거룩함과 구원함이 되셨으니,
능히 우리를 보호하사 거침없게 하시고,
우리를 그 영광 앞에,
흠이 없이 기쁨으로 서게 하실 이,
곧 우리 구주 홀로 하나이신 여호와 하나님께,
우리 주 예수 그리스도로 말미암아,
영광과 위엄과 권력과 권세가,
영원 전부터 이제 와,
영원토록 있을지어다. 아멘.